Jacinta Cericato (Org.)

365 DIAS COM A TERNURA DE PAULO

ILUSTRAÇÕES: OSMAR

Paulinas

Dados Internacionais de Catalogação na Publicação (CIP)
(Câmara Brasileira do Livro, SP, Brasil)

365 dias com a ternura de Paulo / Jacinta Cericato, (org.) ; ilustrações Osmar Koxne. – 5. ed. – São Paulo : Paulinas, 2014.

Bibliografia.

1. Citações 2. Paulo, Apóstolo, Santo 3. Ternura (Psicologia) I. Cericato, Jacinta. II. Koxne, Osmar.

14-11110   CDD-227

Índice para catálogo sistemático:

1. Paulo : Apóstolo : Pensamentos : Seleção : Novo Testamento   227

5ª edição – 2014
2ª reimpressão – 2021

Direção geral: *Flávia Reginatto*
Editora responsável: *Luzia M. de Oliveira Sena*
Assistente de edição: *Andréia Schweitzer*
Copidesque: *Mônica Elaine G. S. da Costa*
Coordenação de revisão: *Marina Mendonça*
Revisão: *Ana Cecilia Mari*
Gerente de produção: *Felício Calegaro Neto*
Ilustrações: *Osmar G. Koxne*
Editoração eletrônica: *Telma Custódio*

Nenhuma parte desta obra poderá ser reproduzida ou transmitida por qualquer forma e/ou quaisquer meios (eletrônico ou mecânico, incluindo fotocópia e gravação) ou arquivada em qualquer sistema ou banco de dados sem permissão escrita da Editora. Direitos reservados.

Paulinas

Rua Dona Inácia Uchoa, 62
04110-0120 – São Paulo – SP (Brasil)
Tel.: (11) 2125-3500
http://www.paulinas.com.br – editora@paulinas.com.br
Telemarketing e SAC: 0800-7010081
© Pia Sociedade Filhas de São Paulo – São Paulo, 2007

Dedico este pequeno livro de
pensamentos de Paulo
a todas as pessoas apaixonadas
por esse apóstolo.
Para que se deixem encantar
pela sua ternura...

Apresentação

Apresentamos aqui uma seleção de pensamentos do apóstolo Paulo, realçando sua ternura, seu amor e sua prece de gratidão pela misericórdia de Deus. Estes pensamentos estão presentes na Capela Virtual do portal Paulinas.

Nosso desejo é o de que todas as pessoas possam saborear e se deixar encantar pela ternura de Paulo.

A experiência do amor, do carinho, da gratuidade de Deus levou Paulo a uma mudança radical de vida. Antes, considerava-se dono de tudo o que tinha. Depois, faz outra experiência e exclama: "Senhor, entre em mim e faça aqui a sua morada".

Amor, gratuidade e ternura! Estas foram as marcas da experiência de Paulo na estrada de Damasco, que renovou por dentro todo o seu relacionamento com Deus.

Essa experiência da ternura do amor gratuito de Deus vai dar rumo à vida de Paulo, sustentá-lo nas dificuldades. Ela é a nova fonte da sua espiritualidade, que faz brotar nele uma poderosa energia, muito mais forte e exigente do que a sua vontade interior de praticar a Lei.

"Deus, porém, me escolheu antes de eu nascer e me chamou por sua graça. Quando ele resolveu revelar em mim o seu Filho, para que eu o anunciasse entre os pagãos" (Gl 1,15-16).

Anunciar o Cristo ressuscitado ao mundo inteiro é uma necessidade interior para Paulo. Ressurreição é uma força vital, é o próprio Jesus, o Filho de Deus.

Janeiro

Caiu por terra e ouviu uma voz que lhe dizia:
"Saulo, Saulo, por que você me persegue?".
"Quem és tu, Senhor?"
"Eu sou Jesus, a quem você está perseguindo."
(At 9,4-5)

Uma luz o envolveu. Paulo caiu por terra ao ver a luz da glória de Deus. Luz tão forte que o cegou. E, por três dias, ele ficou sem ver, sem comer nem beber. São os três dias de escuridão e de morte que antecedem à ressurreição!

No caminho de Damasco, a vida de Paulo sofre uma inesperada transformação. O encontro com Cristo ressuscitado será a fonte de vitalidade para sua vida missionária.

JANEIRO

1

Deus, porém, me escolheu antes de eu
nascer e me chamou por sua graça.
Quando ele resolveu revelar em mim o seu Filho,
para que eu o anunciasse entre os pagãos.

Gl 1,16

2

A mim, o menor de todos os santos,
foi dada esta graça: anunciar aos pagãos
a riqueza insondável de Cristo
e mostrar claramente a todos
como se realiza o seu plano escondido,
desde toda a eternidade em Deus,
o criador do universo.

Ef 3,8-9

JANEIRO

3

Sou agradecido àquele que me deu força.
Cristo Jesus, nosso Senhor, que me julgou fiel,
tomando-me para o seu serviço,
a mim que outrora era blasfemo,
perseguidor e insolente.

1Tm 1,12-13

4

Portanto, digo que nós, que fomos os
primeiros a pôr a nossa esperança em Cristo,
louvemos a glória de Deus.

Ef 1,12

5

Que a vida de vocês seja dominada pelo amor,
assim como Cristo nos amou e deu a vida por nós,
como uma oferta de perfume agradável
e como um sacrifício que agrada a Deus!

Ef 5,2

6

Ouvimos falar da fé de vocês no Cristo Jesus
e do amor que dedicam a todos os santos,
em razão da esperança que lhes está reservada
nos céus, da qual tomaram conhecimento
pela palavra da verdade, que é o Evangelho.

Cl 1,4-5

7

Deus nos achou dignos de confiar-nos
o Evangelho, e falamos não para
agradar aos homens, mas sim a Deus,
que perscruta nosso coração.

1Ts 2,4

8

O Evangelho por mim anunciado não é
invenção humana. E, além disso, não o recebi
nem aprendi através de um homem,
mas por revelação de Jesus Cristo.

Gl 1,11-12

JANEIRO

9

Ele quer que todos os homens sejam salvos
e cheguem ao conhecimento da verdade.

1Tm 2,4

10

Em nós não há nada que nos permita afirmar
que somos capazes de fazer esse trabalho,
pois nossa capacidade vem de Deus.

2Cor 3,5

JANEIRO

11

E vocês seguiram nosso exemplo
e o exemplo do Senhor Jesus.
Embora tenham sofrido muito,
receberam a mensagem com aquela alegria
que vem do Espírito Santo.
1Ts 1,6

12

Deus derramou com generosidade
o seu Espírito Santo sobre nós,
por meio de Jesus Cristo,
o nosso Salvador.
Tt 3,6

13

Todos os tesouros do conhecimento
e da sabedoria
estão escondidos em Cristo.
Cl 2,3

14

Vocês são filhos de Deus pela fé em
Jesus Cristo, pois todos os que foram
batizados em Cristo se revestiram dele.
Gl 3,25-26

JANEIRO

15

Pelo batismo fomos sepultados com ele
em sua morte, para que, assim como Cristo foi
ressuscitado dos mortos pela ação gloriosa do Pai,
também vivamos uma vida nova.

Rm 6,4

16

Com certeza já sabem que Deus,
por causa da sua graça,
me deu esse trabalho para o bem de vocês.

Ef 3,2

17

Alegrem-se com os que se alegram,
chorem com os que choram.

Rm 12,15

18

Nós temos anunciado o Evangelho a vocês
não somente com palavras,
mas também com poder, com o Espírito Santo
e com a certeza de que
esta mensagem é a verdade.

1Ts 1,5

19

Através de Jesus, recebemos a graça
de ser apóstolos, a fim de conduzir
todos os povos pagãos à obediência da fé,
para a glória do seu nome.

Rm 1,5

20

Cristo é a imagem do Deus invisível,
o primogênito de toda a criação,
pois é nele que foram criadas todas as coisas,
no céu e na terra, os seres visíveis e os invisíveis...
tudo foi criado através dele e para ele.

Cl 1,15-16

21

Deus nos salvou porque teve compaixão de nós,
e não por termos feito alguma coisa boa.
Ele nos salvou por meio do Espírito Santo,
que nos lavou, fazendo-nos nascer de novo
e dando-nos uma nova vida.

Tt 3,5

22

Nosso Senhor Jesus Cristo e Deus, nosso Pai,
que nos amou e nos deu a eterna consolação
e a boa esperança pela graça,
animem o coração de vocês
e os confirmem em tudo o que façam
em vista do bem.

2Ts 2,16-17

JANEIRO

23

O Espírito vem em socorro de nossa fraqueza.
Pois não sabemos o que pedir nem como pedir;
é o próprio Espírito que intercede em nosso favor,
com gemidos inefáveis.

Rm 8,26

24

Antes de tudo, dou graças ao meu Deus,
mediante Jesus Cristo, por causa de vocês,
pois a fama da fé que têm se espalhou
pelo mundo inteiro.

Rm 1,8

JANEIRO

25

Caiu por terra e ouviu uma voz que lhe dizia:
"Saulo, Saulo, por que você me persegue?".
"Quem és tu, Senhor?" "Eu sou Jesus,
a quem você está perseguindo."

At 9,4-5

26

Eu fui escolhido e mandado para ajudar
a tornar mais forte a fé
que o povo de Deus tem
e para fazer com que ele conheça
a verdadeira piedade,
na esperança da vida eterna.

Tt 1,1-2

27

Deus derramou abundantemente o Espírito
sobre nós, por meio de Jesus Cristo,
nosso Salvador, para que,
justificados por sua graça,
nos tornássemos herdeiros
da esperança da vida eterna.

Tt 3,6-7

28

Como são profundas a riqueza,
a sabedoria e a ciência de Deus!
Como são insondáveis as suas decisões,
e impenetráveis seus caminhos!

Rm 11,33

JANEIRO

29

Pela graça que me foi dada, recomendo a vocês:
ninguém faça de si uma idéia muito elevada,
mas tenha de si uma justa estima,
de acordo com o bom senso e conforme
a medida da fé que Deus deu a cada um.

Rm 12,4

30

Sim, ele me concedeu com maior abundância
a sua graça, junto com a fé e o amor
que estão em Jesus Cristo.

1Tm 1,14

31

Agradecemos continuamente a Deus
por todos vocês, recordando-os em nossas orações.

1Ts 1,2

Fevereiro

*Paulo provê seu sustento
trabalhando com as próprias mãos*
(At 18,3)

Depois da experiência de Damasco, Paulo inicia um lento amadurecimento.

A conversão aprofunda-se. Começa a mudança. Tempo de silêncio e solidão. Aos poucos, vai nascendo um outro homem, o novo Paulo. Acontece uma nova criação. "Se alguém está com Cristo, é nova criatura!" (2Cor 5,17).

FEVEREIRO

1

Bendito seja o Deus e Pai de nosso Senhor
Jesus Cristo, que nos abençoou com toda
bênção espiritual nos céus, em Cristo.

Ef 1,3

2

Agradeçam sempre a Deus Pai
por todas as coisas,
em nome de nosso Senhor Jesus Cristo.

Ef 5,20

FEVEREIRO

3

A esperança não engana,
pois o amor de Deus foi derramado
em nossos corações
pelo Espírito que nos foi dado.

Rm 5,5

4

Possa a sua generosidade, inspirada pela fé,
tornar-se eficaz pelo conhecimento de todo o bem
que nos é dado realizar por Cristo.

Fm 1,6

FEVEREIRO

5

Em Jesus vocês foram enriquecidos em tudo,
em toda palavra e em todo conhecimento,
à medida que o testemunho sobre Cristo
se confirmou entre vocês.

1Cor 1,5-6

6

O meu ensino e a minha mensagem
não foram dados com a linguagem da
sabedoria humana, mas com provas firmes
do poder do Espírito de Deus.

1Cor 2,4

FEVEREIRO

7

Nós não recebemos o espírito do mundo,
mas recebemos o Espírito que vem de Deus,
para conhecermos os dons
que Deus nos concedeu.
1Cor 2,12

8

Vocês são de Cristo e Cristo é de Deus.
1Cor 3,23

9

Dou graças a meu Deus sempre que me
lembro de você em minhas orações.

Fm 1,4

10

Anunciar o Evangelho não é um título
de glória para mim; ao contrário,
é uma necessidade que me foi imposta.
Ai de mim se eu não anunciar o Evangelho!

1Cor 9,16

FEVEREIRO

11

Também eu me esforço por agradar
em tudo a todos, buscando não o que é vantajoso,
mas o maior número de pessoas,
a fim de que sejam salvas.
1Cor 10,33

12

Ninguém poderá dizer: "Jesus é o Senhor!",
a não ser sob a ação do Espírito Santo.
1Cor 12,3

13

Digo a verdade e não minto:
para servir a esse testemunho
fui constituído arauto e apóstolo,
mestre dos pagãos na fé e na verdade.

1Tm 2,7

14

Se, porém, Cristo está em vocês, embora o corpo
de vocês esteja morto por causa do pecado,
o espírito está cheio de vida, graças à justiça.

Rm 8,10

15

Que ele (Deus) faça Cristo habitar
no coração de vocês pela fé,
e que estejam enraizados
e bem firmados no amor.

Ef 3,17

16

Deus derramou sobre nós essa graça,
abrindo-nos para toda sabedoria
e inteligência.

Ef 1,8

17

Mantenham entre vocês laços de paz
para conservar a unidade do Espírito.
Ef 4,3

18

Nós acreditamos em Jesus Cristo
a fim de nos tornarmos justos pela fé.
Gl 2,16

19

Com alegria, dai graças ao Pai
que os tornou dignos de participar da
herança dos santos, na luz.

Cl 1,12

20

Vocês já conhecem o grande amor do Senhor
Jesus Cristo: ele era rico,
mas por amor a vocês se tornou pobre,
a fim de que se tornassem ricos
por meio da pobreza dele.

2Cor 8,9

21

O Senhor é o Espírito,
e onde se acha o Espírito do Senhor,
aí existe a liberdade.

2Cor 3,17

22

Se Deus é por nós, quem será contra nós?

Rm 8,31

23

Peço a Deus que sua participação na fé seja eficaz,
para você compreender que
todos os bens que temos são para Cristo.

Fm 1,6

24

O que pedimos em nossas orações
é que vocês se tornem sempre mais perfeitos.

2Cor 13,9

25

Portanto, você já não é escravo, mas filho;
e, se é filho, é também herdeiro de Deus.

Gl 4,7

26

De fato, se trabalhamos e lutamos, é porque
colocamos a nossa esperança no Deus vivo,
salvador de todos os homens,
principalmente dos que têm fé.

1Tm 4,10

27

Tive grande alegria e consolação
por causa do seu amor, pois, graças a você, irmão,
foi reconfortado o coração dos santos.

Fm 1,7

28

Rezem também por mim:
que a palavra seja colocada em minha boca,
para anunciar ousadamente
o mistério do Evangelho,
do qual sou embaixador aprisionado.

Ef 6,19-20

29

... busquem a plenitude do Espírito.
Ef 5,18b

FEVEREIRO

Março

*Irmãos, fiquem alegres.
Procurem a perfeição e animem-se.
Tenham os mesmos sentimentos, vivam na paz,
e o Deus do amor e da paz estará com vocês.*
(2Cor 13,11)

A experiência da morte e ressurreição de Jesus fez de Paulo um homem livre: venceu o medo da morte e deu um novo sentido a sua vida. Através da oração constante, Paulo vive em contato permanente com essa força da ressurreição que o invade. Ela é o novo fundamento de sua vida, a fonte de sua alegria, que o faz experimentar coisas indizíveis. O próprio Espírito de Jesus ora nele e por ele e produz os sentimentos de Jesus. Invadido assim por Jesus, recomenda a todos: "Fiquem sempre alegres! Que a bondade de vocês seja notada por todos" (Fl 4,4-6).

MARÇO

1

A vocês, graça e paz da parte de Deus Pai
e do Senhor Jesus Cristo.
2Ts 1,2

2

Não paro de agradecer a Deus por sua causa.
Sempre me lembro de vocês
nas minhas orações.
Ef 1,16

MARÇO

3

Por meio da fé em Cristo Jesus,
todos vocês são filhos de Deus.

Gl 3,26

4

Então, meu filho,
fortaleça-se na graça do Cristo Jesus.

2Tm 2,1

5

Guarde o precioso bem a você confiado
com a ajuda do Espírito Santo que habita em nós.

2Tm 1,14

6

Irmãos, por sua causa sentimo-nos obrigados
a dar continuamente graças a Deus,
pois a sua fé está crescendo muito,
assim como a caridade de uns pelos outros
aumenta em cada um de vocês.

2Ts 1,3

7

Sim, irmão, deixe que eu abuse
de sua bondade no Senhor.
Conforte, em Cristo, meu coração.

Fm 1,20

8

Ele nos salvou e nos chamou
com uma vocação santa,
não por causa de nossas obras,
mas conforme seu próprio projeto e sua graça.

2Tm 1,9

9

Ponham sua esperança em Deus,
que nos dá todas as coisas em grande quantidade,
para nosso prazer!

1Tm 6,17

10

A cada um é dada a manifestação do Espírito,
em vista do bem de todos.

1Cor 12,7

MARÇO

11

Permaneçam alicerçados e firmes na fé,
sem se deixarem afastar
da esperança no Evangelho.
Cl 1,23

12

Deus é testemunha de que tenho saudades
de todos vocês,
com a ternura de Cristo Jesus.
Fl 1,8

13

Quanto a vocês, irmãos,
não se cansem de fazer o bem.

2Ts 3,13

14

Ocupem-se com tudo o que é verdadeiro,
digno de respeito ou justo, puro,
amável ou honroso,
com tudo o que é virtude ou louvável.

Fl 4,8

MARÇO

15

O amor de vocês cresça cada dia mais
em perspicácia e sensibilidade
em todas as coisas.

Fl 1,9

16

Deus concedeu a vocês
não só a graça de acreditar em Cristo,
mas também a de sofrer por ele.

Fl 1,29

17

Não há distinção de pessoas,
pois ele é o Senhor de todos,
rico para com todos aqueles que o invocam.

Rm 10,12

18

Aquele que sonda os corações
sabe quais são os desejos do Espírito,
pois ele intercede pelos cristãos
de acordo com a vontade de Deus.

Rm 8,27

19

Cristo está sendo anunciado,
e com isso me alegro.
Fl 1,18

20

Ele, existindo em forma divina,
não considerou como presa a agarrar
o ser igual a Deus, mas despojou-se,
assumindo a forma de escravo
e tornando-se igual ao ser humano.
Fl 2,6-7

21

Irmãos, fiquem alegres. Procurem a perfeição
e animem-se. Tenham os mesmos sentimentos,
vivam na paz e o Deus do amor e da paz
estará com vocês.

2Cor 13,11

22

Aparecendo como qualquer homem, humilhou-se,
fazendo-se obediente até a morte,
e morte de cruz!

Fl 2,7-8

23

Como escolhidos de Deus, santos e amados,
vistam-se com sentimentos de compaixão,
bondade, humildade, mansidão, paciência.

Cl 3,12

24

A prova de que Deus nos ama
é que Cristo morreu por nós,
quando éramos ainda pecadores.

Rm 5,8

25

Deus o exaltou acima de tudo e lhe deu o Nome
que está acima de todo nome, para que,
no Nome de Jesus, todo joelho se dobre no céu,
na terra e abaixo da terra,
e toda língua confesse: "Jesus Cristo é o Senhor".

Fl 2,9-11

26

Porque morrendo, Cristo morreu
de uma vez por todas para o pecado;
vivendo, ele vive para Deus.

Rm 6,10

27

Se com ele morremos, com ele viveremos.
Se com ele sofremos, com ele reinaremos.
Se nós o renegamos, também ele nos renegará.
Se lhe somos infiéis, ele permanece fiel,
pois não pode renegar a si mesmo.

2Tm 2,11-13

28

Levamos sempre no nosso corpo a morte
de Jesus, para que também a vida dele
seja vista no nosso corpo.

2Cor 4,10

MARÇO

29

Na verdade, assim como os sofrimentos
de Cristo são numerosos para nós,
também é grande nossa consolação
por meio de Cristo.

2Cor 1,5

30

Mesmo que meu sangue seja derramado
sobre o sacrifício que é o serviço da sua fé,
eu me alegro e reparto minha alegria com vocês.

Fl 2,17

31

Que o próprio Senhor da paz lhes conceda a paz,
sempre e de todos os modos.
O Senhor esteja com todos vocês.

2Ts 3,16

Abril

*Esta palavra é segura e digna
de ser acolhida por todos:
Jesus Cristo veio ao mundo para salvar
os pecadores, dos quais eu sou o primeiro.*
(1Tm 1,15)

Com a experiência do amor e da ternura de Jesus, Paulo ganha "novos olhos".

A nova experiência muda o seu ponto de vista e o faz descobrir outros valores. Ele vê as mesmas coisas: a vida, as pessoas, o povo, o passado, a Aliança, a Lei, o Templo, tudo o que já pertencia a seu mundo com um novo olhar, uma nova percepção. Ele enxerga com o coração.

1

Agradeço a meu Deus todas as vezes que
me lembro de vocês. E sempre,
em minhas orações, rezo por todos com alegria.

Fl 1,3-4

2

Se o Espírito daquele que ressuscitou Cristo
dentre os mortos habita em vocês,
aquele que ressuscitou Cristo dentre os mortos
vivificará também os corpos mortais de vocês,
pelo seu Espírito que habita em vocês.

Rm 8,11

3

Carreguem os fardos uns dos outros,
e assim vocês estarão cumprindo a lei de Cristo.
Gl 6,2

4

Embora em Cristo eu me sinta muito à vontade
para lhe ordenar o que deve fazer,
prefiro apelar ao seu amor.
Fm 1,8

ABRIL

5

Alegrem-se sempre no Senhor! Repito, alegrem-se!
Seja a amabilidade de vocês conhecida
de todos os homens!

Fl 4,4-5

6

Se estamos mortos com Cristo,
acreditamos que também viveremos com ele,
pois sabemos que Cristo, ressuscitado dos mortos,
não morre mais; a morte já não tem poder sobre ele.

Rm 6,8-9

7

Sejam alegres na esperança, pacientes na
tribulação e perseverantes na oração.
Rm 12,12

8

Os apóstolos pediram apenas
que nos lembrássemos dos pobres,
e isso tenho procurado fazer
com muito cuidado.
Gl 2,10

9

Meus filhos, sofro novamente como dores de parto,
até que Cristo esteja formado em vocês.

Gl 4,19

10

Haja entre vocês o mesmo sentir e pensar
que no Cristo Jesus.

Fl 2,5

11

Também vocês, considerem-se
mortos para o pecado e vivos para Deus,
em Cristo Jesus.

Rm 6,11

12

Minha confiança em vocês é grande,
e me orgulho muito de vocês.
Estou cheio de consolo, transbordando de alegria
em toda a nossa tribulação.

2Cor 7,4

13

É pela graça que vocês foram salvos,
mediante a fé. E isso não vem de vocês:
é dom de Deus!

Ef 2,8

14

O Deus da paz estará com vocês.

Fl 4,9b

15

Para o bem de todos, Deus dá a cada um prova da
presença do Espírito Santo.
1Cor 12,7

16

Se os mortos não ressuscitam,
então Cristo também não ressuscitou.
E se Cristo não ressuscitou,
a fé de vocês não tem nenhum valor
e ainda estão em seus pecados.
1Cor 15,16

ABRIL

17

Meus irmãos, alegrem-se no Senhor.
Fl 3,1

18

Uma coisa é o brilho do sol,
outra, o brilho da lua
e, outra, o brilho das estrelas.
E até de estrela para estrela há diferença de brilho.
1Cor 15,41

ABRIL

19

Que o Senhor os faça crescer
no amor mútuo e para com todos,
assim como é o nosso amor para com vocês.
1Ts 3,12

20

Não atrapalhem a ação do Espírito Santo.
1Ts 5,19

21

Que o Senhor lhes dirija o coração
para o amor a Deus e a perseverança de Cristo.
2Ts 3,5

22

Tudo o que vocês fizerem seja feito com amor.
1Cor 16,14

23

Eu os exorto, irmãos, pela misericórdia de Deus,
a se oferecerem em sacrifício vivo,
santo e agradável a Deus:
este é o verdadeiro culto de vocês.

Rm 12,1

24

Se a nossa esperança em Cristo só vale
para esta vida, nós somos as pessoas
mais infelizes deste mundo.

1Cor 15,19

25

Esta palavra é segura
e digna de ser acolhida por todos:
Jesus Cristo veio ao mundo
para salvar os pecadores,
dos quais eu sou o primeiro.
1Tm 1,15

26

Procure a justiça, a piedade, a fé, o amor,
a perseverança, a mansidão.
1Tm 6,11

ABRIL

27

Para você basta a minha graça,
pois é na fraqueza que a força manifesta
todo o seu poder.
2Cor 12,9

28

Não se deixem enganar de modo nenhum
por pessoa alguma.
2Ts 2,3

ABRIL

29

O meu Deus proverá magnificamente,
segundo a sua riqueza, no Cristo Jesus,
a todas as necessidades de vocês.

Fl 4,19

30

Que o Deus da paz esteja com todos vocês.

Rm 15,33

Maio

*Eu poderia falar todas as línguas
que são faladas na terra e até no céu,
mas, se não tivesse amor,
as minhas palavras seriam como o som de um gongo
ou como o barulho de um sino.*

(1Cor 13,1)

Paulo, ao falar do amor, cita a letra de um canto da comunidade:

"O amor é paciente, é prestativo; não é invejoso, não se ostenta, não se incha de orgulho, não faz nada de inconveniente, não procura seu próprio interesse, não se irrita, não guarda rancor, não se alegra com a injustiça, mas sim com a verdade; tudo desculpa, tudo crê, tudo espera, tudo suporta. O amor jamais passará" (1Cor 13,4-8).

Estas palavras mostram a experiência de Paulo. Para ele, Jesus não é apenas uma idéia que o ilumina, uma força que o impulsiona. É alguém muito real que lhe mostra o rosto do Pai, o sentido da vida, o valor do irmão, o projeto de Deus, a sua missão, animando-o na caminhada.

1

Que a graça e a paz de Deus, o nosso Pai,
e do Senhor Jesus Cristo estejam com vocês!

1Cor 1,3

2

Eu sou o menor dos apóstolos,
nem mereço o nome de apóstolo,
pois eu persegui a Igreja de Deus.
É pela graça de Deus que sou o que sou.

1Cor 15,9-10

MAIO

3

Usando o dom que Deus me deu, eu faço
o trabalho de um construtor competente.
Ponho o alicerce, e outro constrói em cima dele;
porém, cada um deve construir com cuidado.

1Cor 3,10

4

Irmãos bem-amados, sejam firmes, inabaláveis,
fazendo incessantemente progressos
na obra do Senhor,
cientes de que a fadiga não é vã no Senhor!

1Cor 15,58

MAIO

5

Não se preocupem com coisa alguma, mas,
em toda ocasião, apresentem a Deus
os seus pedidos, em orações e súplicas
acompanhadas de ação de graças.

Fl 4,6

6

Eu poderia falar todas as línguas
que são faladas na terra e até no céu, mas,
se não tivesse amor,
as minhas palavras seriam como o som de um gongo
ou como o barulho de um sino.

1Cor 13,1

7

Não cesso de dar graças a Deus por vocês
e mencioná-los em minhas orações, para que
o Deus de nosso Senhor Jesus Cristo, o Pai da glória,
dê a vocês um espírito de sabedoria e de
revelação, a fim de poderem realmente conhecê-lo.

Ef 1,16-17

8

Desse Evangelho eu fui feito ministro,
pelo dom da graça que Deus me concedeu
segundo a força do seu poder.

Ef 3,7

9

Suportem-se e se perdoem mutuamente,
sempre que um tiver queixa contra o outro.
Do mesmo modo que o Senhor lhes perdoou
façam vocês o mesmo.

Cl 3,13

10

Com os fracos me fiz fraco, para ganhar os fracos.
Para todos eu me fiz tudo,
para certamente salvar alguns.
Por causa do Evangelho eu faço tudo,
para dele me tornar participante.

1Cor 9,22

11

Quando me lembro das lágrimas
que você derramou, sinto grande desejo
de revê-lo e, assim, transbordar de alegria.

2Tm 1,4

12

Eis por que não cessamos de orar por vocês,
para que o nosso Deus faça-os dignos
do seu chamado e, por seu poder,
os leve a realizar todo o bem que desejam fazer
e a obra da fé de vocês.

2Ts 1,11

13

Toda criatura de Deus é boa,
e não se deve rejeitar coisa alguma
que se usa com ação de graças.
Com efeito, essas coisas são santificadas
pela Palavra de Deus e pela oração.

1Tm 4,4-5

14

Cuidem que ninguém retribua o mal com o mal,
mas procurem sempre o bem
uns dos outros e de todos.

1Ts 5,15

15

Dêem graças em todas as circunstâncias,
porque esta é a vontade de Deus,
em Jesus Cristo, a respeito de vocês.
1Ts 5,18

16

Portanto, queridos irmãos, continuem
fortes e firmes. Continuem ocupados
no trabalho do Senhor, pois vocês sabem
que todo o seu esforço nesse trabalho
sempre traz proveito.
1Cor 15,58

17

Assim, tendo como que um só coração
e a uma só voz, glorifiquem o Deus e Pai
do nosso Senhor Jesus Cristo.

Rm 15,6

18

Sem dúvida, vocês são a nossa glória
e a nossa alegria.

1Ts 2,20

19

O Espírito que Deus nos deu
não nos torna medrosos;
pelo contrário, o Espírito nos enche de poder
e de amor e nos torna prudentes.

2Tm 1,7

20

O amor é paciente, é prestativo; não é invejoso,
não se ostenta, não se incha de orgulho,
não faz nada de inconveniente,
não procura seu próprio interesse, não se irrita,
não guarda rancor, não se alegra com a injustiça,
mas sim com a verdade.

1Cor 13,4-6

21

Enraizados e alicerçados no amor,
vocês estarão capacitados para entender qual
a largura, o comprimento, a altura,
a profundidade... conhecerão também
o amor de Cristo,
que ultrapassa todo conhecimento,
e serão repletos da plenitude de Deus.

Ef 3,18-19

22

Embora eu esteja fisicamente ausente,
permaneço com vocês em espírito,
alegrando-me de vê-los viver em ordem
e firmes na fé em Cristo.

Cl 2,5

23

É também por isso que rezamos continuamente
por vocês, a fim de que o nosso Deus os torne
dignos do chamado que lhes dirigiu.

2Ts 1,11

24

Sabemos que aquele que ressuscitou
o Senhor Jesus também vai ressuscitar-nos
com Jesus e nos colocar ao lado dele,
juntamente com vocês.

2Cor 4,14

25

Afastem-se de toda espécie de mal.
1Ts 5,22

26

Tratem as pessoas com respeito e amor,
por causa do trabalho que fazem.
E vivam em paz uns com os outros.
1Ts 5,13

27

Cada um de nós procure agradar a seu próximo
em vista do bem para edificar.

Rm 15,2

28

Eu mando Onésimo de volta para você;
ele é como se fosse meu próprio coração.

Fm 1,12

29

Aquele que começou em vocês tão boa obra
há de levá-la a bom termo,
até o dia de Cristo Jesus.

Fl 1,6

30

Cada um de nós, entretanto,
recebeu a graça na medida que Cristo
a concedeu.

Ef 4,7

MAIO

31

A meta é que todos juntos nos encontremos
unidos na mesma fé e no conhecimento
do Filho de Deus, para chegarmos a ser
o homem perfeito que, na maturidade
do seu desenvolvimento, é a plenitude de Cristo.

Ef 4,13

Junho

*Lembre-se de que Jesus Cristo
ressuscitou dos mortos.
Esse é o meu Evangelho,
e pelo qual eu sofro,
a ponto de estar acorrentado como um malfeitor.
Mas a Palavra de Deus não está algemada.*
(2Tm 2,8-9)

A experiência do amor e da ternura levou Paulo a entregar sua vida a Jesus. O ideal do cristão é ser como Jesus. Quem morre como Jesus, doando sua vida pelos outros, também participará com ele na vitória sobre a morte. É isto que Paulo mais deseja: "conformar-me com Jesus na morte, para ver se alcanço a ressurreição dentre os mortos" (Fl 3,10-11). Paulo já vive o futuro! Agora, seu maior desejo é partir e estar com Cristo.

JUNHO

1

Que a graça e a paz da parte de Deus, nosso Pai, e do Senhor Jesus Cristo estejam com vocês.

Fm 1,3

2

Não haja divisão entre vocês. Ao contrário, sejam bem unidos no sentir e no pensar.

1Cor 1,10

JUNHO

3

Acolham-se, portanto, uns aos outros,
como também Cristo os acolheu,
para a glória de Deus.

Rm 15,7

4

Mas agora, morrendo para aquilo que nos
aprisionava, fomos libertos da Lei,
a fim de servirmos sob o regime novo do Espírito,
e não mais sob o velho regime da letra.

Rm 7,6

JUNHO

5

Irmãos, vocês foram chamados para ser livres.
Que essa liberdade, porém, não se torne desculpa
para viverem satisfazendo os instintos egoístas.

Gl 5,13

6

É o amor que faz com que o corpo todo fique
bem ajustado e todas as partes mantenham-se
ligadas entre si por meio da união de todas elas.

Ef 4,16

JUNHO

7

Se ressuscitarem com Cristo,
procurem as coisas do alto,
onde Cristo está sentado à direita de Deus.
Pensem nas coisas do alto, e não nas da terra.

Cl 3,1-2

8

Cristo nos libertou para que sejamos
verdadeiramente livres. Portanto, fiquem firmes
e não se submetam de novo ao jugo da escravidão.

Gl 5,1

9

Se cremos que Jesus morreu e ressuscitou,
assim também os que morreram em Jesus,
Deus há de levá-los em sua companhia.

1Ts 4,14

10

Uma coisa, porém, faço:
esquecendo o que fica para trás,
lanço-me para o que está à frente.
Lanço-me em direção à meta.

Fl 3,13-14

11

E acima de tudo, vistam-se com o amor,
que é o laço da perfeição.

Cl 3,14

12

Por meio do poder do Espírito Santo,
que vive em nós, guardem esse precioso tesouro
que lhes foi entregue.

2Tm 1,14

13

Enquanto temos tempo, façamos o bem a todos,
especialmente aos que pertencem
à nossa família na fé.

Gl 6,10

14

Deus, que ressuscitou Jesus,
ressuscitará também a nós pelo seu poder.

1Cor 6,14

JUNHO

15

Brilhem como luzeiros no mundo,
apegados firmemente à palavra da vida.

Fl 2,15-16

16

Tudo o que quero é conhecer a Cristo
e sentir em mim o poder da sua ressurreição.
Quero também tomar parte nos seus sofrimentos
e me tornar como ele na sua morte.

Fl 3,10

17

Tudo posso naquele que me dá força.
Fl 4,13

18

Lembre-se de que Jesus Cristo ressuscitou
dos mortos. Esse é o meu Evangelho,
e pelo qual eu sofro,
a ponto de estar acorrentado como um malfeitor.
Mas a Palavra de Deus não está algemada.
2Tm 2,8-9

JUNHO

19

Combata o bom combate da fé,
conquiste a vida eterna,
para a qual você foi chamado.
1Tm 6,12

20

Sejam meus imitadores,
como eu o sou de Cristo.
1Cor 11,1

21

Pois Deus não nos deu um espírito de medo, mas
um espírito de força,
de amor e de sabedoria.

2Tm 1,7

22

Perseverem na oração, vigilantes,
com ação de graças, orando por nós.

Cl 4,2

23

O que Deus preparou para os que o amam
é algo que os olhos jamais viram,
nem os ouvidos ouviram,
nem coração algum jamais pressentiu.

1Cor 2,9

24

Cristo ressuscitou como primícia
dos que morreram, visto que,
se por um homem veio a morte, também
por um homem vem a ressurreição dos mortos.

1Cor 15,20-21

25

Para mim, de fato,
o viver é Cristo e o morrer, lucro.
Fl 1,21

26

Quanto a mim, meu sangue está
para ser derramado em libação,
e chegou o tempo da minha partida.
2Tm 4,6

27

Eu sei em quem coloquei a minha fé,
e estou certo de que ele tem poder
para guardar o meu depósito, até aquele dia.
2Tm 1,12

28

Irmãos, sejam meus imitadores,
todos vocês, e reparem bem os que vivem
segundo o exemplo que têm em nós.
Fl 3,17

29

Eu amo a todos vocês em Jesus Cristo.
1Cor 16,24

30

Combati o bom combate,
terminei a minha corrida, conservei a fé.
Agora só me resta a coroa da justiça que
o Senhor, justo juiz, me entregará naquele dia;
não somente a mim, mas a todos os que tiverem
esperado com amor a sua manifestação.
2Tm 4,7-8

Julho

*Escrevo a todos vocês que são amados por Deus
e chamados à santidade.
Que a graça e a paz da parte de Deus, nosso Pai,
e do Senhor Jesus Cristo
estejam com vocês.*

(Rm 1,7)

Paulo viveu em profundidade a experiência de Cristo, por isso sabia como reagir e o que dizer para orientar o povo das comunidades. Ele se faz presente através das inúmeras cartas escritas às comunidades. Tenta chegar com a mensagem certa, procurando sanar os conflitos com uma palavra de orientação.

Em suas cartas, percebe-se como ele cresceu interiormente e como chegou a uma grande maturidade pela superação dos conflitos que apareceram em sua vida.

JULHO

1

Cristo é a nossa paz.
Ef 2,14

2

Foi em grande tribulação e com o coração angustiado
que lhes escrevi em meio a muitas lágrimas,
não para entristecê-los, mas para que conheçam
o amor transbordante que tenho por vocês.
2Cor 2,4

JULHO

3

Escrevo a todos vocês que são amados por Deus
e chamados à santidade.
Que a graça e a paz da parte de Deus, nosso Pai,
e do Senhor Jesus Cristo estejam com vocês.

Rm 1,7

4

Na verdade, eu não me envergonho do Evangelho:
ele é força de Deus
para a salvação de todo aquele que crê.

Rm 1,16

5

Não precisamos escrever-lhes
sobre o amor fraterno,
pois vocês aprenderam pessoalmente
de Deus a amar-se mutuamente;
e é o que fazem muito bem
para com todos os irmãos.

1Ts 4,9

6

A finalidade dessa admoestação é a caridade,
que procede de um coração puro,
de uma boa consciência e de uma fé sem hipocrisia.

1Tm 1,5

JULHO

7

Portanto, quando falamos, nós usamos
palavras ensinadas pelo Espírito de Deus,
e não palavras ensinadas pela sabedoria humana.
Assim explicamos as verdades espirituais
aos que são espirituais.

1Cor 2,13

8

Nós exortamos e encorajamos e admoestamos
a todos e a cada um de vocês,
para que levem uma vida digna de Deus,
que os chama para o seu reino e glória.

1Ts 2,12

JULHO

9

Não extingam o Espírito;
não desprezem as profecias.
Avaliem tudo e fiquem com o que é bom.

1Ts 5,19-21

10

Portanto, busquemos sempre as coisas
que trazem paz e edificação mútua.

Rm 14,19

11

Aguardem que o Senhor venha.
Ele trará à luz o que estiver escondido nas trevas
e manifestará os projetos dos corações.
Então, cada um receberá de Deus o devido louvor.

1Cor 4,5

12

Admoeste os ricos... que eles façam o bem,
enriqueçam-se de boas obras,
sejam prontos a distribuir, capazes de partilhar.

1Tm 6,18

13

Sejam bons e compassivos uns com os outros,
perdoando-se mutuamente,
assim como Deus os perdoou em Cristo.

Ef 4,32

14

Em Cristo habita corporalmente
toda a plenitude da divindade,
e nele vocês foram levados à plenitude.

Cl 2,9

JULHO

15

De fato, no Evangelho a justiça se revela única
e exclusivamente através da fé,
conforme diz a Escritura: o justo vive pela fé.

Rm 1,17

16

Antes de tudo, recomendo que façam pedidos,
orações e ações de graças
em favor de todos os homens, pelos reis
e por todos os que têm autoridade,
a fim de que levemos uma vida calma e serena,
com toda piedade e dignidade.

1Tm 2,1-2

JULHO

17

É para realizar essa tarefa que eu trabalho
e luto com a força de Cristo,
que está agindo poderosamente em mim.
Cl 1,29

18

É preciso que vocês se renovem
pela transformação espiritual da inteligência,
e se revistam do homem novo, criado segundo Deus
na justiça e na santidade que vem da verdade.
Ef 4,23-24

JULHO

19

Se é preciso orgulhar-se,
vou me orgulhar de minha fraqueza.
2Cor 11,30

20

Felizes aqueles cujas ofensas foram perdoadas
e cujos pecados foram cobertos.
Feliz o homem a quem o Senhor
não leva em conta o pecado.
Rm 4,7-8

21

Meus irmãos, a fé de vocês nos consolou,
em meio a muita angústia e tribulação.
1Ts 3,7

22

Suplicamos também a Deus que os fortifique com
todo o vigor pelo seu poder glorioso,
para que os firmem na constância e na paciência.
Cl 1,11

23

Sei que vou permanecer e continuar com vocês,
para o seu progresso e alegria da fé.
Fl 1,25

24

Nós, os fortes, devemos suportar
as fraquezas dos fracos
e não buscar só o que nos agrada.
Rm 15,1

25

Se, quando éramos inimigos,
fomos reconciliados com Deus
por meio da morte do seu Filho, muito mais agora,
já reconciliados, seremos salvos por sua vida.

Rm 5,10

26

Fiz questão de anunciar o Evangelho onde
o nome de Cristo ainda não havia sido anunciado,
a fim de não construir sobre alicerces
que outro havia colocado.

Rm 15,20

JULHO

27

A vocês foi concedida a graça,
não só de crer em Cristo,
mas também de sofrer por ele.
Fl 1,29

28

Quanto a nós, devemos continuamente dar graças
a Deus por vocês, irmãos amados no Senhor,
porque Deus os escolheu, desde o começo,
para serem salvos pelo Espírito que santifica
e pela fé na verdade.
2Ts 2,13

29

A lei do Espírito, que dá vida em Cristo Jesus,
libertou-o da lei do pecado e da morte.

Rm 8,2

30

Não se deixe vencer pelo mal,
mas vença o mal com o bem.

Rm 12,21

JULHO

31

Seja dada glória a Deus,
que tem o poder de conservar vocês firmes,
de acordo com o meu Evangelho
e a mensagem de Jesus Cristo.

Rm 16,25

Agosto

*Anunciar o Evangelho não é motivo
de orgulho para mim,
é uma necessidade que se me impõe:
ai de mim se não anunciar o Evangelho!*
(1Cor 9,16)

A experiência da universalidade da salvação e do amor de Deus marcou a missão de Paulo. Ele tem consciência clara de ser chamado por Deus para anunciar o Evangelho a todos os povos. Adquiriu uma nova chave de leitura para entender as coisas que Deus havia realizado no passado, ou seja, olhos novos para descobrir o sentido verdadeiro e definitivo da Palavra de Deus.

AGOSTO

1

Dou graças a meu Deus por vocês,
por causa da graça que ele lhes concedeu
no Cristo Jesus.

1Cor 1,4

2

Meus irmãos, a fé de vocês nos consolou,
em meio a muita angústia e tribulação.

1Ts 3,7

AGOSTO

3

Com todo o ânimo,
eu prefiro gloriar-me das minhas fraquezas,
para que pouse sobre mim a força de Cristo.
2Cor 12,9b

4

A pessoa que tem o Espírito Santo
pode julgar o valor de todas as coisas,
porém ela mesma
não pode ser julgada por ninguém.
1Cor 2,15

5

Nada façam por ambição ou vanglória,
mas, com humildade,
cada um considere os outros
como superiores a si.

Fl 2,3

6

Se vivemos pelo Espírito,
caminhemos também sob o impulso do Espírito.

Gl 5,25

7

As profecias desaparecerão, as línguas cessarão,
a ciência desaparecerá.
O amor jamais acabará.
1Cor 13,8

8

Queríamos tanto bem a vocês,
que estávamos prontos a dar-lhes
não somente o Evangelho de Deus,
mas até nossa própria vida,
de tanto que gostávamos de vocês.
1Ts 2,8

9

Daqui para a frente,
que ninguém me acrescente fadigas,
pois trago em meu corpo as marcas de Jesus.

Gl 6,17

10

Por conseguinte, enquanto temos tempo,
pratiquemos o bem com todos,
mas sobretudo com os irmãos na fé.

Gl 6,10

11

Foi para viver em paz que Deus os chamou.
1Cor 7,15

12

Que seja para vocês uma questão de honra
viver em paz, ocupando-se com as coisas que
lhes pertencem e trabalhando com as próprias mãos,
conforme recomendamos.
1Ts 4,11

13

Pedimos a vocês, irmãos:
chamem a atenção dos que levam vida desordenada,
animem os tímidos, sustentem os fracos,
sejam pacientes com todos.

1Ts 5,14

14

Deus quis fazer habitar nele toda a plenitude
e, por ele, reconciliar consigo todos os seres,
tanto na terra como no céu, estabelecendo a paz,
por meio dele, por seu sangue derramado na cruz.

Cl 1,19-20

15

Quando Cristo se manifestar,
ele que é a nossa vida, então vocês também
se manifestarão com ele na glória.

Cl 3,4

16

Mas nós temos a esperança de que Deus
nos aceitará, e é isso que esperamos
pelo poder do Espírito de Deus,
que age por meio da nossa fé.

Gl 5,5

AGOSTO

17

Que ele ilumine os olhos do coração de vocês,
para saberem qual é a esperança
que o seu chamado encerra,
qual é a riqueza da glória da sua herança
entre os santos e qual é a extraordinária grandeza
do seu poder para nós.
Ef 1,18-19

18

Sejam humildes, amáveis, pacientes
e suportem-se uns aos outros no amor.
Ef 4,2

AGOSTO

19

Deus compadeceu-se dele (Epafrodito),
e não somente dele, mas também de mim,
para que eu não tivesse tristeza sobre tristeza.
Fl 2,27

20

Cada pessoa recebe de Deus
um dom particular, um este, outro aquele.
1Cor 7,7

21

A graça do Evangelho foi-nos revelada
por meio do glorioso aparecimento de Cristo Jesus,
o nosso Salvador. Ele acabou com o poder
da morte e, por meio do Evangelho,
manifestou a vida que dura para sempre.

2Tm 1,10

22

Nós, ao contrário, somos cidadãos do céu.

Fl 3,20

23

Vivam em harmonia uns com os outros.
Não se deixem levar pela mania de grandeza, mas
se afeiçoem às coisas modestas.
Não se considerem sábios.

Rm 12,16

24

A ninguém paguem o mal com o mal.
Empenhem-se em fazer o bem diante de todos.

Rm 12,17

25

A pessoa que pensa que sabe alguma coisa,
ainda não tem a sabedoria que precisa.

1Cor 8,2

26

Há um só corpo e um só Espírito,
como também uma só esperança,
para a qual Deus chamou vocês.

Ef 4,4

AGOSTO

27

Abandonem a mentira
e cada um fale a verdade a seu próximo,
porque somos membros uns dos outros.
Ef 4,25

28

Não que eu já tenha recebido tudo isso,
ou já me tenha tornado perfeito.
Mas continuo correndo para alcançá-lo,
visto que eu mesmo fui alcançado
pelo Cristo Jesus.
Fl 3,12

29

Que a conversa de vocês seja sempre agradável,
temperada com sal,
sabendo responder a cada um como convém.

Cl 4,6

30

Deus é fiel, e não permitirá que vocês
sejam provados acima de suas forças.
Pelo contrário, junto com a provação
ele providenciará o bom êxito,
para que possam suportá-la.

1Cor 10,13

AGOSTO

31

Movidos pela graça, cantem a Deus,
em seus corações, com salmos, hinos
e cânticos inspirados pelo Espírito.
Cl 3,16

Setembro

*Não olhamos para as coisas que se vêem,
 mas para as que não se vêem;
 pois o que se vê é transitório,
 mas o que não se vê é eterno.*
 (2Cor 4,18)

Mesmo com tantos conflitos que o envolviam de todos os lados, Paulo foi capaz de criar um espaço onde encontrasse a paz e pudesse refazer as forças, a fim de não desanimar no meio do caminho. Em meio às inúmeras atividades que desenvolvia, soube manter aberto um canal de comunicação.

Paulo desenvolveu uma ligação com Jesus crucificado e ressuscitado, com o amor do Pai, com a ação do Espírito Santo, com a história do povo.

1

Que o Deus da esperança encha-os
de toda alegria e paz em sua vida de fé.
Assim, a esperança de vocês transbordará,
pelo poder do Espírito Santo.

Rm 15,13

2

O Deus da perseverança e da consolação conceda
que vocês tenham os mesmos sentimentos
uns com os outros, a exemplo de Jesus Cristo.

Rm 15,5

3

Deus é fiel e chamou vocês
para que vivam em união com o seu Filho
Jesus Cristo, nosso Senhor.

1Cor 1,9

4

Todos fomos batizados num só Espírito
para sermos um só corpo, quer sejamos
judeus ou gregos, escravos ou livres.
E todos bebemos de um só Espírito.

1Cor 12,13

5

É evidente que ninguém pode tornar-se justo
diante de Deus através da Lei,
pois o justo viverá pela fé.

Gl 3,11

6

Portanto, a fé que vocês têm
não se baseia na sabedoria humana,
mas no poder de Deus.

1Cor 2,5

SETEMBRO

7

Será que não sabem que seu corpo
é o templo do Espírito Santo,
que vive em vocês e lhes foi dado por Deus?
Vocês não pertencem a si mesmos, mas a Deus.
1Cor 6,19

8

Um pouco de fermento basta
para levedar toda a massa!
Gl 5,9

9

Porque vocês, irmãos,
foram chamados à liberdade;
porém, não usem da liberdade
para dar ocasião à carne.
Sejam, antes, servos uns dos outros pelo amor.

Gl 5,13

10

Quanto à Lei, estou morto,
morto pela própria Lei, a fim de viver para Deus.
Eu fui morto com Cristo na cruz.

Gl 2,19

11

Tudo é permitido, mas nem tudo convém.
Tudo é permitido, mas nem tudo edifica.
Ninguém busque o seu próprio interesse,
mas o do outro.

1Cor 10,23-24

12

Portanto, quem rejeita esse ensinamento
não está rejeitando um ser humano, mas a Deus,
que dá a vocês o seu Espírito Santo.

1Ts 4,8

13

Quem os chamou é fiel, e é ele que vai agir.
1Ts 5,24

14

Quero, portanto, que os homens orem
em todo lugar, erguendo mãos limpas,
sem ira nem discussões.
1Tm 2,8

15

Toda a lei encontra sua plenitude
num só mandamento:
"Ame o seu próximo como a si mesmo".
Gl 5,14

16

Este cálice é a nova aliança no meu sangue. Todas
as vezes que vocês beberem dele,
façam isso em minha memória.
1Cor 11,25

17

Diante de Deus, nosso Pai, lembramo-nos sempre
da fé ativa, do amor capaz de sacrifícios
e da firme esperança que vocês depositam
em nosso Senhor Jesus Cristo.

1Ts 1,3

18

Pois nós nada trouxemos para o mundo,
nem podemos levar coisa nenhuma dele.

1Tm 6,7

19

Não olhamos para as coisas que se vêem,
mas para as que não se vêem;
pois o que se vê é transitório,
mas o que não se vê é eterno.

2Cor 4,18

20

Pois o que é loucura de Deus
é mais sábio que os homens;
e o que é fraqueza de Deus
é mais forte que os homens.

1Cor 1,25

SETEMBRO

21

Continuem enraizados nele, edificados sobre ele,
firmes na fé tal qual lhes foi ensinado,
transbordando em ação de graças.

Cl 2,7

22

E é pelo sangue de Jesus que temos a redenção,
a remissão dos pecados,
segundo a riqueza da sua graça,
que ele derramou profusamente sobre nós,
infundindo-nos toda sabedoria e inteligência.

Ef 1,7-8

SETEMBRO

23

Há um só Senhor, uma só fé, um só batismo.
Há um só Deus e Pai de todos,
que está acima de todos, que age
por meio de todos e está presente em todos.

Ef 4,5-6

24

Outrora vocês eram treva,
mas agora são luz no Senhor:
andem como filhos da luz,
pois o fruto da luz consiste em toda bondade,
justiça e verdade.

Ef 5,8-9

25

O Espírito sonda tudo,
mesmo as profundezas de Deus.
Ninguém conhece o que é de Deus,
a não ser o Espírito de Deus.

1Cor 2,10-12

26

Diante da promessa divina,
ele (Abraão) não duvidou,
mas foi fortalecido pela fé e deu glória a Deus,
convencido de que ele que podia cumprir
o que prometeu.

Rm 4,20-21

27

Pais, não dêem aos filhos motivo de revolta
contra vocês; criem os filhos, educando-os
e corrigindo-os como quer o Senhor.

Ef 6,4

28

Cada parte funciona bem
e o corpo todo cresce
e se desenvolve por meio do amor.

Ef 4,16

29

Acaso ignoram que são templo de Deus
e que o Espírito de Deus habita em vocês?
Se alguém destruir o templo de Deus,
Deus o destruirá, pois o templo de Deus é santo,
e esse templo são vocês.

1Cor 3,16-17

30

Que a Palavra de Cristo habite em vocês
com abundância. Com toda a sabedoria,
instruam-se e aconselhem-se uns aos outros.

Cl 3,16

Outubro

*Vocês são uma carta de Cristo,
entregue ao nosso ministério,
escrita não com tinta,
mas com o Espírito de Deus vivo,
não em tábuas de pedra,
mas em tábuas de carne, no coração!*
(2Cor 3,3)

Paulo sempre manteve atitudes de amor e ternura para com suas comunidades. "Paulo ajoelhou-se e rezou com todos eles. Então todos começaram a chorar muito e, lançando-se ao pescoço de Paulo, o beijavam. Estavam muito tristes, principalmente porque havia dito que eles nunca mais veriam seu rosto. E foram com ele até o navio" (At 20,36-38).

Essa mesma sensibilidade e carinho transparece nas cartas, sobretudo na carta aos Filipenses, em que Paulo extravasa a amizade, o amor, o afeto que sente por aquela comunidade. Não perdeu a ternura!

OUTUBRO

1

Meus queridos irmãos,
dos quais sinto tanta saudade,
minha alegria e minha coroa,
continuem firmes no Senhor,
ó meus queridos!

Fl 4,1

2

Estejam sempre alegres, rezem sem cessar.

1Ts 5,16

OUTUBRO

3

Proclame a Palavra, insista no tempo oportuno
e inoportuno, advertindo, reprovando
e aconselhando com toda paciência e doutrina.

2Tm 4,2

4

Aspirem aos dons mais elevados.

1Cor 12,31

OUTUBRO

5

E esta vida que agora vivo,
eu a vivo pela fé no Filho de Deus,
que me amou e se entregou por mim.

Gl 2,20b

6

Noite e dia rezamos com insistência
para que possamos revê-los, a fim de completar
o que ainda está faltando à fé que vocês têm.

1Ts 3,10

OUTUBRO

7

Quando nosso Senhor Jesus vier,
vocês, e ninguém mais, são de modo todo especial
a nossa esperança, a nossa alegria
e o nosso motivo de satisfação diante dele.

1Ts 2,19

8

Quanto a você, seja para as pessoas
um modelo na palavra, na conduta,
na caridade, na fé, na pureza.

1Tm 4,12

OUTUBRO

9

Na minha primeira defesa, ninguém me assistiu,
todos me abandonaram.
Mas o Senhor veio em meu auxílio
e me deu forças.

2Tm 4,16-17

10

Eu vivo, mas já não sou eu que vivo,
pois é Cristo que vive em mim.

Gl 2,20

11

Agora eu me alegro de sofrer por vocês,
pois vou completando em minha carne
o que falta nas tribulações de Cristo,
a favor do seu corpo, que é a Igreja.

Cl 1,24

12

Não se envergonhe de testemunhar a favor
de nosso Senhor, nem se envergonhe de mim,
seu prisioneiro; mas, sustentado pela força de Deus,
sofra comigo pelo Evangelho.

2Tm 1,8

13

Se eu falasse as línguas dos homens
e as dos anjos, mas não tivesse amor,
eu seria como um bronze que soa
ou um címbalo que retine.

1Cor 13,1

14

No batismo, vocês foram sepultados com ele,
com ele também foram ressuscitados,
porque creram na força de Deus
que o ressuscitou dentre os mortos.

Cl 2,12

15

O fruto do Espírito é amor, alegria, paz,
paciência, bondade, benevolência, fé, mansidão
e domínio de si. Contra essas coisas não existe lei.

Gl 5,22-23

16

Procure apresentar-se a Deus
como um homem provado, um trabalhador
que não tem do que se envergonhar,
que comunica com retidão a palavra da verdade.

2Tm 2,15

OUTUBRO

17

Procure compreender o que estou tentando dizer,
e o Senhor certamente vai lhe dar
inteligência em todas as coisas.
2Tm 2,7

18

Deus pôs em vocês a sua marca de proprietário,
quando lhes deu o Espírito Santo
que ele havia prometido.
Ef 1,13

19

Mas agora, unidos com Jesus, vocês,
que estavam longe de Deus, foram trazidos
para perto dele pela morte de Cristo na cruz.

Ef 2,13

20

Que ele confirme o coração de vocês numa
santidade irrepreensível, diante de Deus nosso Pai,
por ocasião da vinda do nosso Senhor Jesus,
com todos os seus santos.

1Ts 3,13

21

Que Deus se digne, segundo a riqueza
da sua glória, fortalecer a todos vocês
no seu Espírito, para que o homem
interior de cada um se fortifique.

Ef 3,16

22

Quanto a mim, que eu não me glorie,
a não ser na cruz de nosso Senhor Jesus Cristo,
por meio do qual o mundo foi crucificado
para mim, e eu para o mundo.

Gl 6,14

OUTUBRO

23

Vocês são uma carta de Cristo,
entregue ao nosso ministério, escrita não com tinta,
mas com o Espírito de Deus vivo,
não em tábuas de pedra,
mas em tábuas de carne, no coração!

2Cor 3,3

24

Eu, o prisioneiro no Senhor,
exorto-os a andarem de modo digno
da vocação a que foram chamados.

Ef 4,1

OUTUBRO

25

Que o próprio Deus da paz
conceda a vocês a plena santidade...
Quem chamou vocês é fiel
e realizará tudo isso.

1Ts 5,23-24

26

Vigie a si mesmo e ao ensinamento,
e seja perseverante. Desse modo você salvará
a si mesmo e aos seus ouvintes.

1Tm 4,16

27

E não façam que o Espírito de Deus fique triste.
Pois o Espírito é a marca de propriedade de Deus
colocada em vocês, a qual é a garantia
de que chegará o dia em que Deus os libertará.

Ef 4,30

28

Sejam, pois, imitadores de Deus
como filhos queridos.

Ef 5,1

29

Poderia dar tudo o que tenho
e até mesmo entregar o meu corpo
para ser queimado, mas, se eu não tivesse amor,
isso de nada me adiantaria.

1Cor 13,3

30

Lembro-me da fé sincera que há em você...
por esse motivo, convido-o a reavivar
o dom de Deus que está em você.

2Tm 1,5-6

OUTUBRO

31

Irmãos, lembrem-se de nós
nas suas orações.
1Ts 5,25

Novembro

*Reine no coração de vocês a paz de Cristo,
para a qual também foram chamados
em um só corpo. E sejam agradecidos.*
(Cl 3,15)

A experiência do amor e da ternura deixa em Paulo marcas profundas.

Em todas as suas cartas enfatiza o amor, que é o vínculo da perfeição, e formula votos de que a paz de Cristo reine soberana em todos os corações, que sejam freqüentes as orações de ação de graças e que a Palavra de Cristo frutifique ricamente em todos.

NOVEMBRO

1

Amem-se cordialmente uns aos outros,
com amor fraternal, preferindo-se
em honra uns dos outros.

Rm 12,10

2

Que o amor de vocês seja sem hipocrisia:
detestem o mal e apeguem-se ao bem.

Rm 12,9

NOVEMBRO

3

Deus é fiel e chamou vocês
para que vivam em união com o seu Filho
Jesus Cristo, nosso Senhor.
1Cor 1,9

4

O amor tudo sofre, tudo crê,
tudo espera, tudo suporta.
1Cor 13,7

NOVEMBRO

5

A prova de que vocês são filhos
é o fato de que Deus enviou aos nossos corações
o Espírito do seu Filho, que clama: "Abá, Pai!".

Gl 4,6

6

Tratem as pessoas com respeito e amor,
por causa do trabalho que fazem.
E vivam em paz uns com os outros.

1Ts 5,13

NOVEMBRO

7

Os que têm riquezas neste mundo
não sejam orgulhosos e não ponham
a sua esperança nessas riquezas,
pois elas não dão segurança nenhuma.

1Tm 6,17

8

Eu trabalho para que o coração deles
se encha de coragem e eles sejam unidos no amor,
ficando assim completamente enriquecidos
com a segurança que a verdadeira compreensão
do plano de Deus dá. Esse plano é Cristo.

Cl 2,2

NOVEMBRO

9

Tenham sempre na mão o escudo da fé,
e assim poderão apagar as flechas
inflamadas do maligno.

Ef 6,16

10

Jesus Cristo entregou a si mesmo pelos nossos
pecados, a fim de nos livrar do mundo presente,
segundo a vontade de nosso Deus e Pai.

Gl 1,4

NOVEMBRO

11

Consolem-se mutuamente e ajudem-se
uns aos outros a crescer, como, aliás,
vocês já estão fazendo.
1Ts 5,11

12

E nós todos que, com a face descoberta,
refletimos como num espelho a glória do Senhor,
somos transfigurados nesta mesma imagem,
cada vez mais resplandecente,
pela ação do Senhor, que é Espírito.
2Cor 3,18

NOVEMBRO

13

Tenho, portanto, motivo para me orgulhar
em Jesus Cristo a propósito da obra de Deus.
Eu não ousaria mencionar nada,
a não ser o que Cristo fez através de mim.

Rm 15,17-18

14

Que o amor fraterno una-os uns aos outros,
com terna afeição, rivalizando-os
em atenções recíprocas.

Rm 12,10

NOVEMBRO

15

Estou muito preocupado com vocês!
Será que todo o trabalho que tive não valeu nada?
Gl 4,11

16

Cristo quis, a partir do judeu e do pagão,
criar em si mesmo um homem novo,
estabelecendo a paz.
Ef 2,15

17

Esperando contra toda esperança,
Abraão acreditou e tornou-se o pai
de muitas nações, conforme foi dito a ele:
"Assim será a sua descendência".

Rm 4,18

18

Assim, justificados pela fé,
estamos em paz com Deus,
por meio de nosso Senhor Jesus Cristo.

Rm 5,1

NOVEMBRO

19

Embora muitos,
somos em Cristo um só corpo
e, cada um de nós, membros uns dos outros.
Temos dons diferentes,
segundo a graça que nos foi dada.

Rm 12,5-6

20

Porque, assim como por meio de um homem
veio a morte,
também por meio de um homem
veio a ressurreição.

1Cor 15,21

21

Haverá glória, honra e paz para todo aquele
que pratica o bem, primeiro para o judeu,
depois para o grego.
Pois Deus não faz distinção de pessoas.

Rm 2,10-11

22

Nós nos gloriamos também nas tribulações,
sabendo que a tribulação produz a perseverança,
a perseverança produz a fidelidade comprovada,
e a fidelidade comprovada produz a esperança.

Rm 5,3-4

NOVEMBRO

23

Portanto, não mais nos julguemos uns aos outros.
Antes, julguem que não se deve pôr
diante do irmão nada que o faça tropeçar ou cair.

Rm 14,13

24

Recebam a salvação como capacete
e a Palavra de Deus como a espada
que o Espírito Santo lhes dá.

Ef 6,17

NOVEMBRO

25

Pois há um só Deus e um só mediador
entre Deus e a humanidade:
Jesus Cristo, homem que se entregou
para resgatar a todos.

1Tm 2,5-6

26

Tenham a mesma estima uns pelos outros,
sem pretensões de grandeza,
mas sentindo-se solidários com os mais humildes:
não dêem ares de sábios.

Rm 12,16

27

Não fiquem devendo nada a ninguém,
a não ser o amor que devem uns aos outros,
pois quem ama o próximo cumpre plenamente a Lei.

Rm 13,8

28

O amor não faz nenhum mal contra o próximo.
Portanto, o amor
é o cumprimento perfeito da Lei.

Rm 13,10

29

Rezem incessantemente no Espírito,
com orações e súplicas de todo tipo,
e façam vigílias, intercedendo, sem cansaço,
por todos os cristãos.

Ef 6,18

30

Reine no coração de vocês a paz de Cristo,
para a qual também foram chamados
em um só corpo. E sejam agradecidos.

Cl 3,15

Dezembro

Em Jesus, Deus nos escolheu,
antes da fundação do mundo, para sermos santos
e íntegros diante dele, no amor.
(Ef 1,4)

"Ele me amou e se entregou por mim" (Gl 2,20). Esta boa notícia modificou por completo a vida de Paulo.

O Servo de Javé entregou a si mesmo por amor, como resgate para restabelecer Paulo e todo o povo na posse da justiça e da liberdade.

DEZEMBRO

1

Em Jesus, Deus nos escolheu,
antes da fundação do mundo,
para sermos santos e íntegros
diante dele, no amor.

Ef 1,4

2

Deus, porém, me escolheu antes de eu nascer
e me chamou por sua graça.

Gl 1,15

3

Eu fui chamado para ser apóstolo,
não por pessoas nem por uma pessoa,
mas por Jesus Cristo e por Deus, o Pai,
que ressuscitou Jesus da morte.

Gl 1,1

4

Que ele (o Pai) faça Cristo habitar
no coração de vocês pela fé.
Enraizados e alimentados no amor.

Ef 3,17

5

Agora, pois, permanecem estes três:
a fé, a esperança e o amor;
porém, o maior deles é o amor.

1Cor 13,13

6

O Senhor me libertará de todo mal
e me levará para o seu Reino eterno.

2Tm 4,18

DEZEMBRO

7

Vivam no amor, como Cristo também nos amou e
se entregou a Deus por nós como oferenda
e sacrifício de suave odor.

Ef 5,2

8

Por causa dele, perdi tudo
e considero tudo como lixo,
a fim de ganhar a Cristo
e ser encontrado unido a ele.

Fl 3,8-9

9

Por meio de Cristo, nós podemos,
judeus e gentios, num só Espírito,
ter acesso junto ao Pai.

Ef 2,18

10

Pois, pelo poder de Deus, fui feito apóstolo
para anunciar o Evangelho aos não-judeus,
assim como Pedro foi feito apóstolo
para anunciar o Evangelho aos judeus.

Gl 2,8

DEZEMBRO

11

Mas Deus, rico em misericórdia,
pelo imenso amor com que nos amou,
quando ainda estávamos mortos por causa
dos nossos pecados, deu-nos a vida em Cristo.

Ef 2,4-5

12

Isto eu peço a Deus:
que o amor de vocês cresça ainda,
e cada vez mais,
em conhecimento e em toda percepção,
para discernirem o que é melhor.

Fl 1,9-10

13

Cristo morreu e ressuscitou
para ser o Senhor dos mortos e dos vivos.

Rm 14,9

14

A noite avançou e o dia se aproxima.
Portanto, deixemos as obras das trevas
e vistamos a armadura da luz.

Rm 13,12

15

Quem se glória, glorie-se no Senhor.
1Cor 1,30

16

Foi Deus que nos tornou capazes
de sermos ministros de uma aliança nova,
não da letra, mas do Espírito;
pois a letra mata, e o Espírito é que dá a vida.
2Cor 3,6

17

De fato, vocês foram despojados
do homem velho e de suas ações,
e se revestiram do homem novo
que, através do conhecimento,
vai renovando-se à imagem do seu Criador.

Cl 3,9-10

18

Por estarmos unidos com Cristo Jesus,
Deus nos ressuscitou com ele para reinarmos
em sua companhia no mundo celestial.

Ef 2,6

19

Estou convencido de que nem a morte
nem a vida, nem os anjos nem os principados,
nem o presente nem o futuro, nem os poderes
nem as forças das alturas ou das profundidades,
nem qualquer outra criatura,
nada nos poderá separar do amor de Deus,
manifestado em Jesus Cristo, nosso Senhor.

Rm 8,38-39

20

Procurem o amor.
Entretanto, aspirem aos dons do Espírito,
especialmente o de anunciar a mensagem de Deus.

1Cor 14,1

21

Sabemos que tudo contribui para o bem
daqueles que amam a Deus,
daqueles que são chamados
segundo o seu desígnio.

Rm 8,28

22

Com efeito, sabemos que toda a criação,
até o presente, está gemendo
como que em dores de parto, e não somente ela,
mas também nós, que temos as primícias
do Espírito, gememos em nosso íntimo,
esperando a condição filial,
a redenção de nosso corpo.

Rm 8,22-23

23

Na pessoa de Jesus Cristo, Deus nos ressuscitou
e nos fez sentar no céu. Assim, com sua bondade
para conosco em Jesus Cristo,
ele quis mostrar, para os tempos futuros,
a incomparável riqueza da sua graça.

Ef 2,6-7

24

Sejam vigilantes, permaneçam firmes na fé,
sejam corajosos, sejam fortes.
Façam tudo com amor.

1Cor 16,13-14

25

Quando chegou a plenitude do tempo,
Deus enviou o seu Filho.
Ele nasceu de uma mulher, submetido à Lei,
para resgatar aqueles que estavam sujeitos à Lei,
a fim de que fôssemos adotados como filhos.

Gl 4,4-5

26

Agora, porém, libertados do pecado
e como servos de Deus, produzem frutos
para a santificação de vocês,
tendo como meta a vida eterna.

Rm 6,22

DEZEMBRO

27

Quem nos separará do amor de Cristo?
Tribulação, angústia, perseguição,
fome, nudez, perigo, espada?
Em tudo isso, somos mais que vencedores,
graças àquele que nos amou.

Rm 8,35-37

28

Lanço-me em direção à meta,
em vista do prêmio do alto,
que Deus nos chama a receber em Jesus Cristo.

Fl 3,14

DEZEMBRO

29

O querer o bem está em mim,
mas não sou capaz de fazê-lo.
Não faço o bem que quero,
e sim o mal que não quero.

Rm 7,18-19

30

A paz de Deus, que ultrapassa toda compreensão,
guardará em Jesus Cristo o coração
e os pensamentos de vocês.

Fl 4,7

DEZEMBRO

31

O meu amor esteja com todos vocês,
pois estamos unidos com Cristo Jesus!
1Cor 16,24

Bibliografia

COTHENET, Édouard. *Paulo, apóstolo e escritor*. São Paulo, Paulinas, 1999.

FABRIS, Rinaldo. *Paulo, apóstolo dos gentios*. São Paulo, Paulinas, 2001.

MACCARI, Natália. *Agenda paulina*. São Paulo, Paulinas, 1999.

MESTERS, Carlos. *Paulo Apóstolo*: um trabalhador que anuncia o Evangelho. São Paulo, Paulinas, 1991.

NOVO TESTAMENTO. São Paulo, Paulinas, 1997. Tradução da CNBB.

QUESNEL, Michel. *Paulo e as origens do cristianismo*. São Paulo, Paulinas, 2001.

SAYÃO, Luiz (Org.). *Novo Testamento trilíngue*. São Paulo, Edições Vida Nova, 1998.

TAGLIARI, Regina. *Pérolas paulinas*. São Paulo, Paulinas, 1999.

Sumário

Apresentação 5
Janeiro 7
Fevereiro 25
Março 43
Abril 61
Maio 79
Junho 97
Julho 115
Agosto 133
Setembro 151
Outubro 169
Novembro 187
Dezembro 205
Bibliografia 223